“四好农村路”之泰兴实践

中共泰兴市委
泰兴市人民政府　组织编写

人民交通出版社股份有限公司
China Communications Press Co.,Ltd.

内 容 提 要

“四好农村路”是中共中央总书记习近平于2014年3月提出的。2017年12月，习近平又对“四好农村路”建设作出重要指示。他强调，近年来，“四好农村路”建设取得了实实在在的成效，为农村特别是贫困地区带去了人气、财气，也为党在基层凝聚了民心。

2017年，泰兴市被评选为首批“四好农村路”全国示范县。本书梳理总结了泰兴市在“四好农村路”建设中的经验做法及取得的成效，可供各地参考借鉴。

图书在版编目（CIP）数据

“四好农村路”之泰兴实践 / 中共泰兴市委，泰兴市人民政府组织编写. — 北京：人民交通出版社股份有限公司，2018.8

ISBN 978-7-114-14973-3

Ⅰ. ①四…　Ⅱ. ①中…　②泰…　Ⅲ. ①农村道路—道路建设—概况—泰兴　Ⅳ. ① F542.853.4

中国版本图书馆 CIP 数据核字（2018）第 190166 号

书　　名：**“四好农村路”之泰兴实践**
著 作 者：中共泰兴市委　泰兴市人民政府
责任编辑：王　丹
责任校对：刘　芹
责任印制：张　凯
出版发行：人民交通出版社股份有限公司
地　　址：（100011）北京市朝阳区安定门外外馆斜街3号
网　　址：http：//www.ccpress.com.cn
销售电话：（010）59757973
总 经 销：人民交通出版社股份有限公司发行部
经　　销：各地新华书店
印　　刷：中国电影出版社印刷厂
开　　本：787 × 1092　1/16
印　　张：5
字　　数：85千
版　　次：2018年8月　第1版
印　　次：2018年8月　第1次印刷
书　　号：ISBN 978-7-114-14973-3
定　　价：48.00元

“四好农村路”

序言

Introduction

序言实施乡村振兴战略是决胜全面建成小康社会的重要一环，是实践“两聚一高”、建设“强富美高”新泰兴的重要举措。为此，必须全面落实习近平总书记对农村公路的重要指示精神，促进全市农村公路建、管、养、运协调可持续发展，加快推进“四好农村路”建设。

近年来泰兴市围绕建设“四好农村路”这个乡村振兴的关键切入点和重要抓手，结合泰兴实际情况，深入开展交通攻坚扶贫工作，为决胜全面建成小康社会走好最后一里路奠定扎实基础。

首先，强化组织发动，努力营造良好氛围。为统筹协调和组织指导“四好农村路”建设工作，市、乡镇（街道）、园区分别成立各级层面上的“四好农村路”领导班子，并定期召开专题会议，推动“四好农村路”建设。切实加强新闻宣传和舆论引导，分建、管、养、运进行系列报道，大力宣传“四好农村路”建设的意义、重要性，以及各地的好经验、好做法，引导人民群众增强交通安全意识和护路意识，动员广大群众积极支持和参与“四好农村路”建设，形成全社会关心、支持和参与“四好农村路”建设的良好氛围。

其次，加大投入力度，快步推进路桥提档升级。我市通过出台奖补政策，

2016—2017年完成农村公路提档升级520公里，改造危桥154座，总投资约5.2亿元。除省补资金外，市财政对老区乡镇道路奖补10万～15万元/公里、桥梁奖补1000元/平方米；对非老区乡镇道路奖补8万～13万元/公里、桥梁奖补800元/平方米。截至目前，我市县道总里程达390公里，乡村道总里程达1613公里，全面实现了市通镇二级、镇通镇三级、镇通村四级公路相连。乡村道中双车道占比达53%、三级公路占比达30%；县道三级及以上等级公路占比达99%、三类及以上等级的桥梁占比达97%；行政村双车道公路覆盖率为100%；居民点等级公路通达率为100%。

第三，坚持量质并举，努力建设优质精品工程。严把“抓源头、盯过程、严交工”三个环节，加大质量监督检查力度，确保工程质量处于可控状态。主要是：严格执行好农村公路建设“七公开制度”，自觉接受社会监督；严格把关施工图设计，提档升级道路和桥梁施工图统一由市农路办委托设计单位设计；严格履行相关基建报批程序，未经批准不得开工建设；严格执行工程监理制度，所有提档升级项目全部实行社会化监理。同时，安排群众代表参与现场监督，做到专业监理和群众监督相结合；严格进行质量检查验收，对容易出现质量问题的薄弱环节加强跟踪抽查，对发现的问题及时整改到位。工程结束后，逐项进行实体质量检测，凡不合格项目一律取消奖补计划，做到质量不合格“零容忍”。

第四，围绕管养优良，全面提升道路通畅水平。一方面，坚持“建路必管、管必到位”。市政府将农村公路管养工作纳入政府目标管理考核，层层签订目标责任书，建立起市、镇、村“三位一体”的路政群管网络，分级负责全市农村公路的管理工作。同时，坚持以人为本，加大农村公路安全生命防护工程建设力度。先后对9条约240公里县道及299公里乡村道安保工程进行改造完善。市财政投入1400多万元，设置防撞护栏约110公里，确保了镇村公交及校车通行安全。另一方面，坚持有路必养、养必优良。市政府加大资金投入，将养护资金纳入各级财政预算，实现农村公路列养率100%，县道、乡村道优良中等比例分别达100%、82%。养护资金投入保持稳定并逐年上升，县道大中修比例占列养里程的9%，超过了8%的省定指标。

最后，注重服务民生，农村公路发展成效显著。“四好农村路”建设，极大地优化和完善了城乡客运出行、农村物流服务体系。农村客运网全面覆盖，全面开通镇村公交，实现市镇村客运零距离换乘；实行60周岁以上老人、伤残人员和城区学生免费乘坐城市公交和镇村公交的惠民政策。农村公路提档升级，促进物流业和农村电商蓬勃发展。依托枢纽效应，物流业初具规模，全市物流业税收增幅明显，物流企业数量不断增加。依托公路效应，我市特色田园旅游发展迅速。目前，全市拥有国家A级景区7家、全国农业旅游示范点1家、全国休闲渔业示范基地1家、三星级以上乡村旅游点15家，旅游从业人员3000多人，年接待游客突破100万人，出现了像黄桥镇祁巷村、宣堡镇郭寨村等特色田园旅游乡村示范点。农村公路的经济民生效应，加速了贫困群众脱贫致富进程，极大地带动了农村经济快速发展。

中共泰兴市委

泰兴市人民政府

2018年7月

“四好农村路”

前言

Preface

江苏省泰兴市位于江苏省中部，风光秀丽，人文荟萃，是著名的教育之乡、建筑之乡、银杏之乡，连续多年被评为全国百强县。与苏锡常一江之隔，境内多条国省干道交互，周边有禄口、扬泰、奔牛、硕放、虹桥、浦东等机场，处于长江黄金水道段，多条内河水道与长江相通，交通便捷，区位优势明显。

近年来，泰兴市以供给侧改革为主线，积极向苏南先进兄弟市县学习，加快区域转型升级，争当苏中地区跨越发展的排头兵。而习近平总书记关于“四好农村路”的重要指示精神，无疑是为我市经济发展提供了新的思路，指明了新的方向。农村公路“建、管、养、运”四位一体，带来的经济集群效应助力明显，为推进乡村振兴战略提供了扎实的基础保障。

2017年，我市被交通运输部评为首批全国“四好农村路”示范县。下一步，我市将在巩固“四好农村路”全国示范县成果的同时，继续解放思想，对标找差，认真开展农村公路提档升级两年行动计划、深化管养体制机制改革、提档升级农村公路现有绿化等工作，全面打造内联外畅、畅安舒美、美丽如画的泰兴农路，为我市全面建成更高水平小康社会作出不懈努力。

编　者

2018年7月

“四好农村路”

目录
Contents

“四好农村路”

“四好农村路”助力全面脱贫致富奔小康

近年来，泰兴市委、市政府深入贯彻落实习近平总书记对交通运输工作的重要指示精神，全面推进“四好农村路”建设，充分发挥交通在扶贫攻坚中的基础支撑作用。泰兴继2016年成功创建“江苏省‘四好农村路’示范县”后，2017年8月又荣获首批“‘四好农村路’全国示范县”称号。

一、基本情况

泰兴是千年古城，是教育之乡、建筑之乡、银杏之乡，位于江苏省中部、长江下游北岸，与常州隔江相望，总人口 120 万，面积 1172 平方公里，辖 14 个镇、1 个街道、1 个乡、2 个省级经济开发区和 4 个市级工业园区。截至目前，泰兴已 15 次进入全国县域经济基本竞争力百强县（市）行列，先后获得"全国文化先进市""全国绿化模范市""国家级生态示范区""省级文明城市"等称号，被列为江苏省首批创新型试点城市和省直管县试点市。2004 年，全省农村公路建设现场会在我市召开，总结并推广农村公路建设"泰兴模式"，全省农村公路建设在这里扬帆启航。

一直以来，我市交通运输工作得到了江苏省交通运输厅、省公路局、省运管局及泰州市交通运输局、市公路处、市运管处的关心和支持，全市交通运输工作得到了跨越发展。境内有 G2、G40、S29 三条高速穿境而过，总里程约 65 公里；现有省道 131 公里，县道 390 公里，乡村道路 1613 公里，市财政"以奖代补"建设连接道路 500 公里，公路密度 2.24 公里 / 平方公里，形成了高速公路、干线公路、农村公路联片成网的大交通网络，交通发展成果真正惠及广大群众、深入民心，切实增强了广大群众的获得感和满意度。

二、"四好农村路"建设取得的成绩

党的十八大以来，泰兴市委、市政府高度重视"四好农村路"建设，多次召开专题会议，研究创建"四好农村路"的方法途径。泰兴市委书记张育林、市长刘志明先后调研农村公路工作，要求全市"一盘棋"推进，主要领导亲自抓，交通运输部门牵头负责，各乡镇园区、各相关单位配合落实，并将"四好农村路"建设列入政府为民"十件实事"进行部署和考核，有力地推动了全市农村公路"建管养运"全面协调发展，取得了较好的成绩。

（一）农村公路提档升级全面完成

2013 年，按照上级要求，围绕镇村公交发展、乡镇建设规划等，我市启动实施了农村公路提档升级工程。2013—2015 年，累计投入约 3 亿元，完成农村公路提档升级 330 公里，改造危桥 100 座。2016 年，根据江苏省交通运输厅、省公路局统一部署，我市围绕“四好农村路”创建考核指标，制定创建措施，强化组织领导，大力实施两年行动计划。2016—2017年，累计投入约5.2亿元，完成农村公路提档升级520公里，改造危桥154座。截至目前，我市全面实现了市通镇二级、镇通镇三级、镇通村四级公路相连。2017年底，乡村道中双车道占比例达53%、三级公路占比达30%；县道三级及以上等级公路占比达99%、三类及以上等级的桥梁占比达97%；行政村双车道公路覆盖率为100%；居民点等级公路通达率为100%。

（二）农村公路管理水平不断提高

市委、市政府将“四好农村路”建设纳入对各乡镇年度目标管理考核，层层签订创建目标责任书，促进了全市农村公路健康可持续发展；市、乡镇分别设置农村公路管理办公室，明确专人负责，管理机构运转正常；不断完善路政群管网络，分别在市公路管理站设置路政大队，乡镇交管所设置路政中队，各乡镇设置农路办，各村建立养护队伍，基本做到市有路政员、镇有专管员、村有护路员，开展巡查通报、处置整改、路政许可等各项日常工作，真正实现“有路必管、管必到位”。始终坚持以人为本，加大农村公路安全生命防护工程建设力度。先后对240公里县道及600公里乡村道路安保工程进行改造完善；对农村公路临河路段约110公里设置防撞护栏，确保了镇村公交及校车通行安全。同时，定期联合公安、路政、安监、教育、运输企业等单位，对全市农村公路特别是通镇村公交线路的安全隐患进行排查整改，确保隐患在第一时间被发现、用最短时间处置，极大地提升了农村公路的安全通行能力，保障了广大群众的生命财产安全。

（三）农村公路养护能力持续增强

坚持“有路必养、养必优良”。市政府加大资金投入，将养护资金纳入各级财政预算，实现农村公路列养率100%，县道、乡村道路优良中等比例分别达100%、82%。2014—2017年，我市养护资金投入保持稳定并逐年上升，累计投入约1.6亿元。县道大中修比例占列养里程的9%，超过了8%的省定指标。同时，市路政大队牵头，联合乡镇、养护单位定期开展路域环境集中整治行动，坚持法制宣传与集中整治相结合，公路沿线群众能自发地参与到环境整治行动中来，主动清除路肩种植、拆除公路非标等，全市农村公路路域环境有了较大改善，基本实现了畅、安、舒、美。

（四）农村公路服务保障态势强劲

全市16个乡镇（街道）全面开通镇村公交，实现了市镇村客运零距离换乘；60周岁以上老人、伤残人员和城区学生享受免费乘坐城市公交和镇村公交惠民政策。农村公路的畅通升级，极大地促进了物流业和农村电商的发展，全市物流业呈现良好态势。依托公路效应，我市乡村旅游、美食旅游、特色田园乡村等特色旅游发展迅速并初具规模。在江苏省特色景观旅游名村和景观旅游创建示范村名单中，黄桥镇祁巷村、宣堡镇郭寨村榜上有名。总之，“四好农村路”建设，极大地优化和完善了城乡客运出行、农村物流服务体系，为服务新农村建设作出了积极贡献。

三、“四好农村路”建设的经验体会

“四好农村路”建设，是一项惠及广大群众的民生工程、实事工程，也是一项系统工程，需要全社会的参与和支持。

（一）建设“四好农村路”，必须有各级党委政府的高度重视

泰兴的农村公路建设工作得到了省、市交通运输主管部门的长期关心和支持，在“四好农村路”示范县创建期间，省交通运输厅和省公路局有关负责人先后到泰兴进行督查指导，帮助解决相关问题，确保了创建工作顺利推进。泰兴市委、市政府高度重视“四好农村路”建设，把“四好农村路”建设列入政府目标管理考核，层层签订目标责任书。泰兴市政府召开专题会议进行动员部署，市政府主要领导到会并就创建工作提出具体要求。泰兴市委主要领导带队视察农村公路，在泰兴农村公路发展史上还是第一次，为泰兴农路更好更快发展提供了有力保障。

（二）建设“四好农村路”，必须有足够的资金保障

泰兴市出台了《全市农村公路提档升级两年行动计划的实施意见》，对列入两年内建设的项目，市财政加大了奖补力度。除省补资金外，市财政对老区乡镇道路奖补 10 万～15 万元 / 公里、桥梁奖补 1000 元 / 平方米；对非老区乡镇道路奖补 8 万～13 万元 / 公里、桥梁奖补 800 元 / 平方米。2016—2017 年，市财政奖补资金达到 1.2 亿元。同时，出台《关于促进全市农村公路管理养护工作健康可持续发展的意见》，将乡村道养护管理从运行多年的“五位一体”管理模式中单列出来，恢复乡村道由乡镇农路办管护的模式。将农村公路管养经费列入各级财政预算，县道养护经费除省补资金外全部由市财政配套解决，每年配套用于县道小修、大中修的资金达 4300 多万元。市财政按省补资金的 1 ∶ 1 对乡村道养护经费进行配套，每年需配套约 400 万元，乡镇财政配套不

低于 300 万元，直接用于乡村道路的养护经费达到了 1100 万元左右。同时，对考核位于前 8 名的乡镇，市财政分别奖励 6 万 ~ 10 万元；对考核排名靠后的乡镇，扣减市财政奖补资金。

（三）建设"四好农村路"，必须依靠广大群众的积极参与

实践证明，只有充分调动广大群众爱路护路的主动性、积极性，建设"四好农村路"才能取得事半功倍的效果。泰兴市主要媒体开设专栏，从建设、管理、养护、运营等方面进行系列报道，大力宣传"四好农村路"建设的意义、重要性，引导人民群众增强交通安全意识和护路意识，动员广大群众积极支持和参与"四好农村路"建设，形成了全社会关心、支持和参与"四好农村路"建设的浓厚氛围。通过智慧泰兴等网络媒体，开展"最美农村路""最美养护人"网络评选活动，大力弘扬"爱路、为民、实干、创新"的公路精神。活动开展以来，先后有近 30 万人次关注网络评选活动，起到了很好的宣传作用。

四、深入推进"四好农村路"建设的思路举措

我市坚持规划引领、科学调控，以提档升级工程、桥梁改建工程、安全生命防护工程建设为中心，以建设"四好农村路"及加强农村公路管养考核为载体，进一步提高了农村公路发展质量和水平。

（一）高目标定位好"四好农村路"

"四好农村路"建设面广量大、点多线长。一是围绕全市农村公路建设、管理、养护、运营水平还参差不齐，发展不平衡不充分，与人民日益增长的美好生活需要还有差距等突出矛盾，着眼推动高质量发展、建设"强富美高"新泰兴的全局，进一步聚焦突出问题，明确主攻方向。二是立足新时代新要求，切实做好抓重点、补短板、强弱项的工作，深入推进"四好农村路"建设，努力以高品质交通支撑、保障和促进高质量发展。三是坚持协调发展，统筹提升建、管、养、运发展水平，有效协调政府、市场及社会力量，全面服务群众出行和农村货物运输，确保"四好农村路"建设取得显著成效。

（二）高起点规划好"四好农村路"

2016—2017 年通过实施农村公路提档升级两年行动计划，提前完成了省交通运输厅 2013—2018 年项目库建设任务。上一轮提档升级规划主要是针对各乡镇行政村主干道和

镇村公交路线，经与乡镇对接调查，全市现有规划发展村庄555个，还需继续实施提档升级道路603公里，投资约4.22亿元；改造危桥85座，投资约9000万元；市道大中修290公里，投资约4.5亿元。根据建设“四好农村路”的最新要求，省交通运输厅启动了新一轮的三年（2018—2020年）计划编制工作，我们将加强与上级交通主管部门请示沟通，积极配合各乡镇（街道），切实强化规划引领，从服务乡村振兴战略、特色田园乡村建设等中心工作需求出发，高起点编制泰兴市农村公路发展三年（2018—2020年）规划，将提前完成的任务与新的三年规划有机融合，确保农村公路让更多群众受益，更好地方便农民生产生活和促进农村经济发展。

（三）高质量建设好“四好农村路”

一是开展四好农路示范乡镇创建。深化巩固“四好农村路”全国示范县的成果，充分发挥典型引领和示范带动作用，加大力度，以点带面，全面推进“四好农村路”示范乡镇的创建工作，突出打造“特色致富路”，全面打造“平安放心路”，积极打造“美丽乡村路”，致力打造“美好生活路”。二是继续完善农村公路网络体系。力争解决村头“一公里”和村内“一条街”问题，重点消除村际“断头路”，因地制宜开展“户户通”活动，着力解决户前“一米路”问题，进一步改善农村交通出行条件，促进城乡一体化快速发展。三是更加注重农村公路建设质量安全。2018年计划完成桥梁改建12座、市道改建27公里、市道大中修31公里及生命防护工程290公里；建设过程中将切实提高建设标准，严把质量标准，交通安全、绿化、排水、客货运输等配套设施必须同步设计、同步施工、同步投入使用；已具备条件的路段必须路田分离、路宅分离，穿村路段鼓励开展亮化工程。

（四）高水平管养好“四好农村路”

结合“智慧交通”建设，探索建立智能化管理体系，借鉴普通国省道管理经验，积极整合路政、公安、安监等部门管理资源，建立农村公路、桥梁管理养护与决策信息化系统，动态完善“一路一档、一桥一档”空间信息库、属性信息库，努力做到建设项目、养护状况、路政巡查等方面的实时监控，全面实现农村公路与桥梁基本信息、养护检查与评定情况、营运状况等信息化，切实提高农村公路管理养护水平。

（五）高效益发挥好“四好农村路”

一是推进农村公路与美丽乡村建设充分融合。依托穿村公路建设，形成布局合理、排水通畅、设施齐全的村内道路网络；深入开展文明创建活动，适时开展文明一条街、文明村、文明户等文明创建活动。二是推进农村公路与旅游发展充分融合。加强与景区旅游公路有效衔接，打通通往景区道路网络，推动乡村旅游业迅猛发展。三是推进农村公路与产业发展充分融合。依托我市快速发展的工业园区、开发区、农产品加工园区等产业基地，加快特色产业路规划建设，助推农业产业结构调整走上快车道。

“四好农村路”

泰兴“四好农村路”的探索与创新

“四好农村路”建设是泰兴实施乡村振兴战略的重要环节，泰兴坚持建、管、养、运协调发展，建立和稳定以财政资金投入为主的农村公路融资渠道，健全和完善农村公路管养长效机制，不断提升农村公路防水平、技术等级、建管养水平和路域环境，为建设“强富美高”新泰兴提供有力的支持。

一、坚持科学规划、安全引领的建设方针

（一）高质量实施农村公路提档升级工程

发挥规划引导作用，完善镇村布局与农村公路规划、农村客货运输服务体系规划。2016—2017年实施农村公路提档升级两年行动计划，重点推进所有行政村通双车道四级公路、特色田园乡村通达等级公路，基本完成现有农村公路危桥改造任务，统筹推进规划发展村庄通达等级公路，加强农村公路与国省干线公路互联互通。完成农村公路提档升级855公里，农村公路危桥改造254座，其中镇村公交配套道路316.6公里，改造危桥84座，全部完成镇村公交配套道路与危桥改造；确保农村公路三类及以上等极桥梁比例达到95%；行政村双车道四级公路覆盖率达到100%；特色田园乡村等级公路通达率达到100%；规划发展村庄等级公路通达率达90%。

（二）大力实施农村公路安全生命防护工程

加大对临河傍水、急弯陡坡等重点路段的安全隐患治理力度，基本完成县道、乡道及通镇村公交线路的村道安全生命防护工程，积极推进其他村道安全生命防护工程；完善农村公路重点路段标志标线，确保重点路段标志标线设置率达到95%以上。近年来，我市加大农村公路安全生命防护工程建设力度，先后对9条约240公里县道及299公里乡村道安防工程进行改造完善，投入1400多万元设置临河段防撞护栏约110公里，确保镇村公交及校车通行安全。截至2017年底，县道、乡道及通镇村公交线路的村道安全隐患治理率达到100%，重点路段标志标线设置率达到100%。

二、坚持促进经济、服务民生的发展思路

（一）积极支持贫困地区脱贫攻坚

服务新型农村产业园、乡镇工业集中区、旅游点等经济产业节点，对黄桥老区乡镇精准扶贫项目优先安排建设计划、优先保障省补资金，实现“输血”与“造血”相结合，助力地方脱贫致富。为减轻经济基础薄弱老区乡镇资金压力，市政府出台“以奖代补”政策，在省补资金的基础上，市财政对各乡镇分别奖补8万～15万元/公里、桥梁奖补800～1000元/平方米；对未列入当年省补计划的项目，市财政预先垫付省补资金。

（二）着力打造特色农路品牌

服务农村产业和全域旅游发展，组合开发农村公路与农村产业基地、田园综合体、特色小镇、乡村旅游等产业项目，完善农村公路绿道、步道和自行车专用道等慢行交通体系，鼓励在农村公路路侧设置驿站、自驾车房车基地、环境基础设施等，提供停车、休憩、观景等服务功能。完善农村公路网，推动我市农村产业和乡村美食等特色旅游不断发展，继续推进黄桥特色小镇和我市特色田园乡村建设。

（三）不断提升农村公路建设品质

按照因地制宜、经济适用、绿色生态原则，优化建设方案，积极应用集约节约型建设养护新技术、新材料、新工艺，充分利用旧路资源，避免高填深挖，统筹协调沿线基础设施建设，加强防排水设计，注重与周边自然环境相融合。加强工程质量监管，严格执行“七公开制度”，严格把关施工图设计，严格履行基建报批程序，严格执行工程监理制度，严格进行质量检查验收，强化各环节参建单位责任意识，提升工程品质，降低全寿命周期运营养护成本。加大安全督查力度，加强安全培训，杜绝重大安全责任事故，使得较大和一般事故发生率明显下降。

三、坚持权责明晰、高效运作的管理体系

（一）落实县级人民政府主体责任

县级人民政府作为农村公路建管养运的责任主体，要进一步完善县、乡、村三级组织管理体系，将农村公路工作纳入县级人民政府年度工作目标考核，签订目标责任书；建立以公共财政资金投入为主的农村公路管养资金保障机制，将农村公路管理养护资金纳入市镇两级财政预算，促进全市农村公路健康可持续发展。乡（镇）人民政府在县级人民政府的统一领导下，具体负责本行政区域内乡道、村道的建设、养护工作，组织协调村民委员会配合做好农村公路的建设、养护和管理工作。村民委员会在当地人民政府指导下，支持配合本行政村区域内农村公路的建设、养护和管理工作。

（二）提升农村公路治理能力

按照依法治路的总要求，加强农村公路法制和执法机构能力建设，实行县统一执法、乡村协助执法的路政管理工作机制。完善农村公路保护设施，交通运输主管部门或乡镇人民政府可根据《公路安全保护条例》规定，在乡道、村道的出入口设置必要的限高、限宽

设施。加强农村公路超限车辆治理和农用车管理，严肃查处违法超限运输及各类破坏、损坏农村公路设施等行为。市路政大队负责县道的路政管理，路政中队负责乡村道的路政管理，做到农村公路路政管理全覆盖。建立路政群管网络，市路政大队统一领导，路政中队、乡镇农路办、村（居）参与的农村公路路政群管（协管）网络，各村（居）明确1名村干部协助管理农村公路，及时发现、制止损坏农村公路行为，对农村公路实行有效管理，做到市有路政员、镇有监管员、村有护路员。开展多种形式的宣传活动，增强群众爱路护路意识，各乡镇爱路护路的乡规民约制定率达到100%。

（三）加强路域环境综合整治

统筹城乡绿化、特色田园乡村、旅游乡村建设，大力创建路域环境整治景观示范路。重点整治镇村路段路域环境，推进农村公路沿线洁化、绿化、美化，促进农村公路与沿线生态环境自然和谐。开展联合执法、集中整治行动，市农路办与路政大队牵头，联合乡镇、养护单位定期开展路域环境集中整治行动，坚持法制宣传与集中整治相结合，清理路肩种植、拆除公路非标；制定农村公路长效管护措施，落实“路长制”，逐步实现农村公路路田分家、路宅分家，努力打造“畅安舒美”的通行环境。倡导结合沿线地形地貌，因地制宜绿化、美化农村公路，县道绿化率达98%，乡道绿化率达95%，村道绿化率达90%。

（四）建立健全分级监管体系

市交运局加强对全市农村公路建管养运工作的督导，加大统筹力度，完善农村公路管理工作制度。乡（镇）人民政府负责本区域的乡村道建设管理养护工作，建立健全管理保障体系，落实人员，明确职责，做好资金配套工作。

四、坚持公开透明、高效规范的养护体制

（一）稳步推进养护体制改革

通过政府购买服务等方式，因地制宜、分类有序地推进农村公路大中修工程市场化改革。拓展农村公路养护向社会购买服务的广度和深度，积极探索各种综合养护承包方式，鼓励国省道养护企业将服务范围延伸至农村公路。推行农村公路建设、养护一体化等新模式，鼓励大型国有企业、民营企业等社会力量通过建设与日常保养捆绑招标、片区捆绑招标等建设养护工程总承包模式，提升养护生产效率和专业化水平。着力建立以农村公路养护质量和安全为主的信用体系，将从业单位信用记录及时向社会公布，并与招标等工作挂

钩。健全政府、企业、公众三方考核评估机制，建立运作顺畅、责任清晰的“建养一体化”组织管理体系。

（二）建立养护信息化决策机制

做好江苏省交通运输厅“交通运输信息化综合应用示范县”申报工作，建设泰兴市智慧交通信息化平台示范工程，开发“四好农村路”建设信息平台，协同推进农村公路建设计划、养护管理、应急处置、路政管理等工作。充分利用信息化系统创新社会公众参与方式，加强农村公路养护监督。

（三）实现农村公路规范化养护

农村公路列养率达到100%，经常性养护率达到98%。县道好路率达到100%、乡村道好路率达到88%。安排专项资金用于农村公路县道大中修，乡村道大中修费用实行“市镇各半”，确保每年县道、乡村道大中修工程规模达到养护里程的8%、5%以上，切实保障全市农村公路路况水平逐年提升。

五、坚持客货并举、便民惠民的农村公路运输体系

（一）着力提升城乡客运服务水平

优化城乡客运服务网络和基础设施规划布局，大力推动城乡客运由“三级客运网络”的初级模式向“城乡客运一体化”模式发展，全面提升我市城乡公共交通运输服务水平。按照《江苏省“十三五”时期基层基本公共服务功能配置标准（试行）》要求，我市农村客运班车公司化改造工作已全面完成，全市16个乡镇（街道）全面开通镇村公交，实现了市、镇、村客运零距离换乘，并配套出台60周岁以上老人、伤残人员和城区学生免费乘坐城市公交和镇村公交的惠民政策。2016年，我市城乡道路客运一体化发展水平达到5A级省级标准。结合乡村旅游区（点）规划布局，以黄桥镇革命老区为试点，开展乡村旅游项目探索研究。以黄桥公园、黄桥纪念馆旅游集散中心为依托，增设公交首末站或站点，提供镇村公交、城乡巴士停车换乘服务；在新黄桥站旅游集散中心周边，探索开发黄桥革命老区红色旅游、黄桥祁巷村生态旅游、宣堡银杏公园、广陵红枫园景观休闲旅游等项目。

（二）推进农村物流体系建设

整合交通运输、邮政、商贸、供销等物流资源，深入推进“三农”服务，全力促进农

村电商发展，加快推进县、乡、村三级网络节点体系建设，建成县级电商服务中心 1 个、乡镇电商服务站 38 个、村邮站 328 个、覆盖城乡的“邮乐购”加盟店 562 家，全市村邮站行政村建设、运营覆盖率均达到 100%。创新农村物流模式，探索具有泰兴邮政特色的农村电商发展“五结合”：线上与线下相结合、工业品下乡与农产品进城相结合、农村电商与邮政业务相结合、农村电商与政府联动相结合、农村电商与精准扶贫相结合。

（三）推动城乡交通运输一体化建设

完善农村客货运服务网络体系，统筹城乡、区域之间交通运输协调发展，加快推进城乡交通基础设施的衔接和城乡交通运输服务的一体化建设。在《城市公共交通专项规划》和《城乡镇客运一体化发展规划（大纲）》这两项规划基础上，研究编制《城乡客运服务网络指南》和《城乡交通运输一体化建设规划》，用规划引领我市加快推动城乡交通运输一体化，提升城乡交通基本公共服务水平。加大乡镇农村客运站建设力度，结合各乡镇实际情况，拓宽客运站服务功能，挖掘发展内动能，将客运站建成集停车、办公、餐饮、配客、组货、配载、车辆维修、旅游集散、信息服务于一体的综合服务站，促进乡镇经济交流发展。

"四好农村路"

建设四好农路
共享绿水青山

如今，一提起黄桥镇祁巷村，在泰兴乃至泰兴周边地区，已经是无人不知、无人不晓。现在的祁巷，是展示社会主义美丽新农村、特色田园旅游的一扇窗口。每年大量游客慕名而来。周末，约上三五好友，来到祁巷村，走在干净平整的水泥路面，穿过一栋栋农家小楼，道路两旁的绿化交相掩映；置身在小南湖风景区里，河面波光粼粼，微风吹来，令人陶醉。中午时分，再感受一下炊烟袅袅的农家乐，想必没有比这更舒适惬意的了。

然而谁又能想到，祁巷村曾经是黄桥老区出了名的贫困村。由于地理位置偏僻，交通不畅，祁巷村长期在黄桥镇经济垫底。面对薄弱的底子，祁巷没有退缩，反而是积极发掘自身优势，凭借高效农业打基础、乡村旅游带人气的策略，祁巷村完美地打赢了一场漂亮的攻坚脱贫翻身仗。

祁巷的转型升级、发展跨越，可以说是与“四好农村路”建设密不可分的。通过优质高效的农村路网，旅客可自驾或者搭乘农村客运班车前往祁巷，极大地方便了旅客的出行。在去祁巷的路上，有心人可以感受到，平坦顺畅的农村道路，两边郁郁葱葱的绿化，似乎在预示即将到达一个美丽的新天地。优质的农村公路像是助燃剂，点燃了祁巷全面建设社会主义新农村的引擎，加速了广大群众奔向全面小康的步伐。

公路到哪里，富裕就到达哪里，“建路致富”的理念在祁巷得到了很好的诠释。“四好农村路”带我们感受到了农村的绿水青山，而绿水青山又回馈了当地群众金山银山，给农村带来了新的活力与生机。

“四好农村路”

四好农路建到家 千年银杏焕新春

泰兴市是著名的银杏之乡，而这其中又以宣堡镇为最，古镇宣堡被称为“天下银杏第一镇”，银杏产业极为发达，拥有国家级的银杏森林公园。

然而，近年来银杏市场行情一路走低，坑洼的农村公路更使得外地收购苗木的客商望而却步，很多人对银杏等苗木的发展前景深感忧虑。

“山重水复疑无路，柳暗花明又一村”，笼罩在当地苗木产业的阴云，随着宣堡镇农村公路的提档升级，似乎一扫而光。宣堡镇依托农村公路提档升级工程进一步提升了交通区位优势，因势利导，形成了宣堡镇创新、协调、绿色、开放、共享的发展理念，创造出新的绿色高效 GDP。特别是在宣堡镇郭寨村，当地肥沃的土壤，让这里的花卉苗木产业发展迅速。进入郭寨村，俨然是进入一个天然的氧吧，全村绿化率高达 75%，让人流连忘返。目前，郭寨村在绿色产业的支撑下，人均年收入已经走在了泰州市农村地区的前列。2017 年，该村三业总产值 2.09 亿元，农民人均纯收入达 11300 元。

一条条美丽的乡村道路，给予宣堡镇优良的交通环境，也使宣堡镇汇集了源源不断的财富。每天运输苗木的车辆穿梭不停，生机盎然的苗木蕴含着绿色发展理念，给远方的朋友送去了美好生活的祝愿。“四好农村路”成就了宣堡镇经济发展的新走廊。古老的银杏在广阔的苏中平原上又开始焕发新的活力，而这次谁都没有想到，活力的源泉正是它身旁一条条笔直、宽阔、美丽的农村公路。

附件 A

泰兴市实施公交惠民工程工作方案

2013 年 4 月 26 日　　　　　　　　　　　　泰政办发〔2013〕97 号

为认真贯彻落实《国务院关于城市优先发展公共交通的指导意见》精神，加快我市基本实现现代化进程，提升公共交通服务能力，让城乡客运统筹发展成果更好地惠及广大群众，结合本市实际，制定泰兴市《实施公交惠民工程工作方案》。

一、免费乘车范围（40 万人）

持本市户籍满 60 周岁及以上老年人（以下统称老年人，22.8 万人）、残疾人（含伤残军人，5.9 万人）和革命军人免费乘坐城区公交和镇村公交；学生（11.6 万人）免费乘坐城区公交。

二、实施步骤

（一）宣传发动、申请登记（四月下旬）

各乡镇（街道）、市教育局和残联分别召开会议，进行动员部署。组织相关人员深入村组（社区）、学校进行广泛宣传，并通过张贴宣传资料和广播形式宣传公交惠民政策和免费乘车范围，确保公交惠民措施落实到位。

各新闻媒体要加大公交惠民工程的宣传力度，让城乡居民熟知乘坐公交车免费政策和办证方法，使符合免费条件的老年人、学生和残疾人及时办理免费乘车证，鼓励广大市民选乘公交，绿色出行。

市城乡客运统筹发展领导小组办公室负责公交免费乘车证统一设计、招标和印制（预计总量 40 万人）。办理免费乘车证一律免收工本费。免费乘车证用外观颜色区别老年免费乘车证、学生免费乘车证（设置年限）和残疾人爱心证。

各乡镇（街道）在进行宣传发动的同时，指导所辖行政村（社区）干部对符合免费乘车条件且提出申请的老年人进行资格审核，并发放、填写泰兴市免费乘坐公交车《老年人免费乘车证》登记表（附一张近期1寸免冠照片），加盖行政村（社区）印章。乡镇要建立台账，汇总成册。各辖区交管所负责配合。

市教育局指导城区各学校对符合免费乘车条件且提出申请免费乘坐城区公交车的学生进行资格审核，并发放、填写泰兴市免费乘坐城区公交车《学生免费乘车证》登记表（附一张近期1寸免冠照片），加盖学校印章。各学校要建立台账，汇总成册。市运管处、泰通公共交通有限公司负责配合。

市残联、市民政局负责对符合免费乘车条件且提出申请的残疾人进行资格审核，并发放、填写泰兴市免费乘坐公交车《残疾人免费乘车证》登记表（附一张近期1寸免冠照片），加盖残联印章. 要建立台账，汇总成册。市运输管理处、市泰通公共交通有限公司负责配合。

（二）集中办理、组织发放（五月上旬至六月份）

各辖区交管所根据各乡镇（街道）提供的前期申请登记台账资料按办理计划表（行政村、社区）为60岁以上老年人办理老年人免费乘车证，市运输管理处根据教育部门和残联提供的申请登记台账资料按办理计划表办理学生免费乘车证和残疾人爱心证，加盖泰兴市公共交通优惠乘车办证专用印章。办理结束后由各乡镇（街道）和学校、残联组织发放。

为确保现有运力的正常保障和免费乘车证办理的顺利推进，5月上旬，由市运管处组织泰兴交管所、黄桥分局和泰通公共交通有限公司、泰通镇村公共交通有限公司在济川街道办、黄桥镇集中办理，然后分批在各乡镇和学校、残联集中办理。

（三）汇总小结、健全机制（七月份）

集中办理结束后，各乡镇（街道）和有关部门单位将本辖区、本系统办证情况以电子文档形式，于6月底前报市城乡客运统筹发展领导小组办公室。办公室对全市免费乘车证办理情况进行汇总，建立数据库，形成工作报告上报市政府进行考核奖励。同时，对在集中办理期间因特殊情况未办证的群众，由各辖区交管所组织人员随时上门服务，以确保公交惠民政策全覆盖。

三、有关要求

1. 责任要到位。公交惠民工程是一项民生工程、德政工程，各乡镇（街道）和有关部门、单位要高度重视，按照统一部署要求召开专题会议，建立工作班子，明确专人负责，落实工作责任，确保工作启动快、办理时间短、群众得益早。

2. 保障要到位。各乡镇（街道）和有关部门、单位要严密组织，认真核查登记，确保信息准确无误。要利用行政村、社区（居委会）、学校和居民集中居住点等固定场所进行集中宣传和信息登记，积极组织人员上门服务，帮助办理。集中办理结束，相关资料台账要报城乡客运统筹发展领导小组办公室备案。

3. 督导要到位。市城乡客运统筹发展领导小组办公室要加强办证工作的指导、协调和办证过程的监管，确保公平、公正。要组织人员深入各乡镇（街道）、学校跟踪督查，进一步加快工作推进速度，确保按时完成市委市政府明确的"实施公交惠民工程"的目标任务。

附件 B

市政府办公室关于印发《泰兴市农村公路建设管理养护工作考核意见》的通知

2015 年 4 月 23 日　　泰政办发〔2015〕42 号

为全面贯彻党的十八届三中、四中全会和市第十二次党代会第三次年会精神，加快黄桥老区“推进富民强镇、建设全面小康”进程，推动农村公路提档升级工程建设，促进农村公路可持续发展，根据江苏省、泰州市目标管理考核要求，结合我市实际，制定《泰兴市农村公路建设管理养护工作考核意见》，如下：

一、考核内容

（一）各乡镇（街道）农村公路提档升级推进情况；

（二）各乡镇（街道）农村公路养护管理落实情况。

二、计分办法

农村公路提档升级和道路养护采取百分制考核，其中：农村公路提档升级 60 分，道路养护 40 分。

（一）农村公路提档升级考核计分办法

1. 开工报告（5 分）。道路和桥梁开工前，各乡镇（街道）须向市交通运输局报送工程开工报告，经批准后方可施工。未执行工程开工报告的，扣 1 分 / 项目。

2. 工序报验（10 分）。严格执行工序报验制，上一道工序未经检验合格不得进入下一道工序施工。未按程序报验，擅自进行工程施工的，扣 2 分 / 项目。

3. 工程进度（15 分）。各乡镇（街道）要增强计划任务的刚性认识，对列入提档升级项目库的规划，要分年度组织实施；对下达的建设计划要精心组织，科学安排，统筹做好工程招标、绿化及杆管线迁移等前期工作，保证工程顺利进场施工，确保当年计划当年完成。道路项目须在当年10月底前完成，桥梁项目须在当年11月底前完成。不能按期完成的，扣1分/项目；不能报省局验收的，取消建设计划。

4. 质量安全（20分）。①建立工程质量管理体系，明确分管领导、责任人，管理体系未建立的，扣2分；②落实专业监理，道路项目必须委托丙级以上资质单位监理，桥梁项目必须委托具有交通运输主管部门批准的公路工程乙级以上监理资质的单位监理。未按规定落实社会监理的，扣2分/项目；③加强施工路段安全管理，施工路段应设置相应的施工、安全标志，安全措施不到位的，扣2分/项目；④加强质量验收，所有项目经检测不合格的，取消计划补贴并扣2分/项目，同时，取消该项目市“以奖代补”资金。

5. 附属工程（10分）。道路主体工程完工后，各乡镇（街道）要同步实施路肩培土、绿化、路面灌缝、安保设施以及里程碑、百米桩等附属工程，附属工程未同步到位的，扣1分/项目，并暂扣该项目市“以奖代补”资金，待实施到位经验收合格后拨付。

年度无提档升级建设计划的，该项得分为零。

（二）农村公路养护管理计分办法

1. 组织机构（5分）。建立健全农村公路管理养护组织机构，明确1名分管领导，农路办运转正常，组织机构网络、岗位职责、管养示意图张挂上墙。有一项不到位的，扣1分。

2. 养护队伍（5分）。针对我市农村环境“五位一体”管护现状，各乡镇（街道）要整合人员力量，将所有建设的省计划、市计划道路列入日常养护，实现建路必养、养必到位。管护人员未落实的，扣1分；管护人员配备不足的，扣1分；未设立养护责任公示牌的，扣1分。

3. 管养资金（5分）。将农村公路养护资金列入镇财政预算，未列入预算的扣1分；每年用于养护维修资金不低于10万元，不足10万元的，扣1分。

4. 养护巡查（5分）。严格执行养护巡查制度，乡镇农路办每周巡查不少于1次，养护人员每天巡查不少于1次；桥梁经常性检查每季度1次。未按规定进行巡查的，扣1分。

5. 养护质量（10分）。加强道路小修和养护大中修，乡村道“好路率”达73%，其中通镇村公交、接送学生车辆路线的好路率达75%，不达标的扣1分；路面保持平整完好、干净整洁，确保无坑槽、无严重破碎板、无堆积物，有 1 处扣 0.5 分；加强桥梁养护，确保栏杆完好、无缺损，桥台无开裂，桥头无跳车，有 1 处扣 0.5 分。

6. 安全设施（5 分）。在学校、村庄、交叉路口、宽路窄桥、危桥等险要路段设置警告标志，保持标志齐全、醒目，无缺损、无歪倒；加强临河段护栏管护，确保完整、无缺损；定期对里程碑、百米桩进行漆化，确保醒目，树立养护责任公示牌，有 1 处不达标扣 0.5 分。

7. 公路保护（5 分）。加强公路建筑控制区管理，公路两侧无新增违法建筑。无未经许可擅自挖掘公路；公路及公路用地范围内，无打谷晒场、堆放建筑材料、摆摊设点、设立非公路标志、焚烧秸秆等现象，有 1 处扣 0.5 分。

（三）加分项目

1. 承办全市农村公路提档升级建设、道路养护等现场会的加 2 分；

2. 年度养护维修资金投入在 10 万元以上的加 1 分，20 万元以上的加 2 分。

三、考核奖惩

1. 考核设立先进集体、先进个人奖。先进集体共 6 名，一等奖 1 名，二等奖 2 名，三等奖 3 名，分别奖 3 万元、2 万元和 1 万元。奖金由市财政列支，用于农村公路建设养护日常考核和奖励有功人员；对评选出的先进个人，市政府将给予一定的物质奖励。对未能完成年度计划或当年无提档升级建设计划的乡镇实行一票否决，取消先进集体评先资格。

2. 考核结果与市政府提档升级“以奖代补”资金、乡镇小修补助资金挂钩，得分不低于 90 分的，全额拨付奖补资金；得分低于 90 分的，每低 1 分扣减 2% 的奖补资金。同时，考核结果将按比例折算成市委、市政府对各乡镇（街道）目标管理中“路网工程”考核分值。

3. 考核工作由市交通运输局负责。

市政府关于推进“四好农村路”建设的实施意见

2016 年 6 月 3 日　　泰政发〔2016〕49 号

为全面落实习近平总书记对农村公路的重要指示精神，加快推进农村交通基础设施率先基本实现现代化，努力构建畅安舒美的农村交通网络，根据省政府办公厅、省交通运输厅及泰州市统一部署，现结合我市实际，制定泰兴市推进“四好农村路”建设的实施意见。具体内容如下：

一、指导思想

以科学发展观为指导，深入贯彻落实习近平总书记对农村公路的重要指示精神，明确全市“十三五”农村公路发展目标任务和主要指标，坚持建管养运协调发展的原则，强化责任落实，建立和稳定以财政投入为主的农村公路资金渠道，健全和完善农村公路管养长效体制机制，不断提升农村公路安全条件、技术等级、建管养水平和路域环境，为谱写建设“强富美高”新江苏泰兴篇章提供有力的支持和保障。

二、总体目标

推进“四好农村路”建设，将着力从大规模建设向提质增效、集中攻坚转变，从注重连通向提升质量安全水平转变，从以建设为主向建管养运协调发展转变，从适应发展向引领发展转变。通过转变发展思路和发展方式，实现农村公路路网结构明显优化，通畅水平明显提高，安全条件明显改善；养护工作实现常态化、专业化，真正做到有路必养、养必到位；路产路权得到有效保护，路域环境优美整洁；农村客运和物流服务体系健全完善，实现城乡交通一体化，

三、主要任务

（一）全面建设好农村公路，充分发挥先行官作用

坚持畅通主导、以人为本，继续加快实施农村公路提档升级，修订完善农村公路提档升级规划和项目库，使农村公路建设与优化镇村布局、农村经济社会发展和人民群众安全便捷出行相适应。出台全市农村公路提档升级两年行动计划，研究制定市财政差别化补助方案。2016 年，完成农村公路提档升级 300 公里、改造危桥 80 座，乡村道双车道比例达 40%，三类及以上桥梁比例达 85%；完成镇村公交配套道路、桥梁改造任务。2017 年，完成农村公路提档升级 220 公里、改造危桥 70 座，乡村道双车道比例达 50%，三类及以上桥梁比例达 90%，通行政村双车道公路覆盖率达 100%。2018 年，改造危桥 50 座。加大三级公路改造力度，到 2018 年，三级及以上等级公路比例提升至 30%，县道三级及以上公路比例达 90%，农村公路“提档升级”工程和其他新改建工程交工验收合格率达 98% 以上，县道、乡道及通镇村公交线路的村道安全隐患治理率达到 100%。

坚持适度超前、因地制宜，合理选择拓宽、路肩硬化、增设会车道等多种方式的改造方案。道路、桥梁施工图设计统一由市农路办委托设计单位设计，安全生命防护工程由市农路办统一实施，验收后移交给乡镇（街道）管护。道路主体工程完工后，须同步实施道路绿化、里程碑、百米桩等附属工程，全面提升农村公路建设品位，确保建一条、成一条、美化一条。严格执行好农村公路建设“七公开哺”制度，加强质量安全监管，自觉接受社会监督，确保工程质量优良，项目建成后，由省、市交通部门组织验收，凡不合格项目一律取消计划。

（二）全面管理好农村公路，切实维护路产路权

2016 年，修订完善《泰兴市农村公路管理养护实施办法》《泰兴市农村公路路政管理办法》，构建符合农村公路特点的管理体制、运行机制。交通部门负责指导全市农村公路建设管理养护工作，并具体承担县道的建设养护工作；市路政大队负责县道的路政管理并指导路政中队开展乡村道的路政管理；各乡镇（街道）负责辖区内乡道、村道的建设、管理、养护工作，并协助做好县道的路产路权保护工作。2016 年，完成乡镇农路办管理体制改革，按规定配备好管理人员、养护人员，落实办公经费，确保农村公路管理机构正常运行。

各乡镇（街道）要制定爱路护路的乡规民约，切实增强广大群众爱路护路意识。建立市路政大队统一领导，路政中队、乡镇农路办、村（居）参与的农村公路路政群管（协管）网络，各村（居）要明确 1 名村干部协助管理农村公路，设立路政违法行为举报电话，及时发现、制止损坏农村公路行为，对农村公路实行有效管理。完善农村公路保护设施，各乡镇（街道）可以根据《公路安全保护条例》规定，对乡、村道和提档升级后的道路设置必要的限高、限宽设施。加强农村公路超限车辆治理，路政大队、路政中队可利用移动检测设备，采取流动检测方式进行监督检查，努力防止和查处违法超限运输及各类破坏、损坏农村公路设施等行为。

全面落实依法护路、依法治路的工作要求，切实加强公路两侧建筑控制区管理，保护公路路产路权，营造良好的公路通行环境。各乡镇（街道）是公路两侧违法建设管理的责任主体，任何单位和个人未经批准，不得在公路建筑控制区内新增违章建筑、高炮广告牌，不得私自增设公路道口。水务、供电、电信、网络等部门要按照各自职能依法做好公路保护工作，未经许可，不得擅自进行占用、挖掘、穿越公路等行为。公路管理部门要加大巡查、检查力度，依法查处各类公路违法行为，并将相关情况报送市效能办及相关责任单位，市效能办将进行核查，情况属实的，市政府将对责任单位、责任人进行问责。

（三）全面养护好农村公路，确保路况完好畅通

建立健全"政府领导、行业指导、部门协作、社会参与"的养护工作机制，全面落实养护主体责任，将养护经费纳入财政预算，真正实现有路必养。加强道路日常养护管理，全面清理路域范围内的杂物、堆积物、路肩种植物，路面常年保持整洁，路肩坚实、无杂物，边坡稳定，边沟排水通畅，无淤积、堵塞。到 2016 年底，县道绿化率达 100%；到 2018 年底，乡村道绿化率达 100%，具备条件的农村公路全部实现路田分家、路宅分家，打造畅安舒美的农村公路环境。

宣贯执行《江苏省农村公路养护大中修工程管理办法》，加大养护大中修工程力度，每年县道大中修工程达到养护里程的 8%；乡、村道大中修工程达到养护里程的 3% 以上。加强道路日常小修保养，县道由市农路办通过招标落实专业养护单位，实行专业化养护；乡村道由各乡镇（街道）负责养护，具体由乡镇农路办负责。到 2018 年，农村公路优、良、中等路的比率县道不低于 90%、乡村道不低于 80%，路面技术状况指数（PQI）稳中有升。

（四）全面运营好农村公路，服务城乡经济发展

坚持“城乡统筹、以城带乡、城乡一体、客货并举、运邮结合”总体思路，加快完善农村公路运输服务网络。严格落实农村客运班线、镇村公交通行条件联合审核机制。加快淘汰老旧农村客运车辆，全面提升客车性能。强化司乘人员的安全培训和教育，提高从业人员素质。大力推进城乡客运一体化，统筹城市公交、市镇班线和镇村公交协调发展。

各乡镇（街道）、园区、部门要落实好财政补贴，按规定配套到位，确保镇村公交有效运营。充分发挥农村客运站效益，加快镇村公交首末站、回车场、候车亭（牌）等基础设施建设，选址要因地制宜，充分听取群众意见，并应与新改建农村公路项目同步设计、同步建设、同步交付使用。

加快推进市、镇、村三级物流站场设施和信息系统建设，按照“多站合一、资源共享”的模式，推广货运班线、客运班车代运邮件等农村物流组织模式，大力发展适用于农村物流的厢式、冷藏等专业化车型。到2020年，基本建成覆盖市、镇、村三级的农村物流网络。

四、保障措施

（一）加强组织领导

市政府成立“四好农村路”建设领导小组，负责统筹协调和组织指导建设工作，协调和解决“四好农村路”实施中的重大问题，组长由市政府分管负责人担任，办公室设在市交通运输局，具体负责工作方案制定、目标任务分解、技术指导、检查考核等工作。领导小组成员单位由城建办、监察局、农工办、发改委、公安局、财政局、国土局、住建局、规划局、交运局、水务局、审计局、环保局、邮政泰兴分公司等部门组成。各乡镇（街道）要成立以乡镇主要负责人为组长的领导小组，落实政策措施，加大推进力度。

（二）科学编制方案

交通部门、各乡镇（街道）要根据实施意见，围绕建设“四好农村路”的总目标，对照镇村公交和农村客运总体发展目标，依据国土利用总体规划、镇村布局规划、现代农业园区规划、农村公路提档升级规划及安全生命防护工程规划等相关规划，制定切实可行、符合我市实际的实施方案，做到任务清晰、责任明确、落实有力。

（三）强化资金保障

建立以市、乡镇公共财政投入为主、省级补助为辅的"四好农村路"建设资金筹措机制。建立适应物价增长、里程和财力增加等因素的养护管理资金投入增长机制。市政府将制定完善道路提档升级、公路养护等市财政奖补政策，充分调动乡镇积极性，各乡镇（街道）要将所需配套资金纳入财政统筹安排。同时，充分发挥好"一事一议"在农村公路发展中的作用。加强资金使用情况监督检查，提高资金使用效益。继续鼓励企业和个人捐款，以及利用道路冠名权、路面资源开发权、绿化权等多种方式筹集社会资金用于农村公路发展。

（四）严格考核奖惩

市政府将"四好农村路"建设纳入与各乡镇（街道）年度工作任务目标责任书。市"四好农村路"领导小组办公室将会同市效能办定期或不定期进行督查检查，重点对建管养运责任落实、政策保障、建设质量、工作进度、资金到位、公路保护等情况进行检查指导，及时发现和解决存在的问题，并将检查考核情况进行通报。每年，由领导小组办公室按照"四好农村路"建设的年度工作目标和任务，对各乡镇（街道）进行考核，考核采用百分制，考核设一等奖 1 名、二等奖 3 名、三等奖 4 名，分别奖人民币 10 万元、8 万元和 6 万元，奖金主要用于弥补乡镇建设养护资金不足；奖金由市财政列支；同时，对先进个人进行表彰奖励。得分低于 85 分的，每低 1 分扣减 2% 的市补建设、养护资金，并且取消先进个人评选资格。

（五）开展达标创建

按照省、泰州市部署，2016 年我市将创建全省"四好农村路"达标县，交通运输部门、各乡镇（街道）要精心组织、科学谋划、加大投入，围绕创建指标逐一分解，落实具体措施，确保创建工作顺利推进。2016 年，市政府同时开展"四好农村路"达标乡镇创建活动，年底，由市"四好农村路"建设领导小组办公室进行考核验收，对验收达标的乡镇，市政府将给予一定的奖励；对验收不达标的乡镇，在对物质文明和精神文明单项奖进行考核时，实行一票否决。

（六）广泛开展宣传

交通运输部门、各乡镇（街道）以及各新闻单位要高度重视宣传和舆论引导，充分利用各种新闻媒体，大力宣传"四好农村路"建设意义和重要性，引导人民群众增强交通安全意识和护路意识，动员广大群众和社会各界通过村级公益事业"一事一议"、村集体经济收入以及鼓励社会力量捐资捐建等方式，积极支持和参与"四好农村路"建设，努力形成全社会关心、支持和参与“四好农村路”建设的良好氛围，为实现“全面领先苏中、加快融入苏南，建成更高水平小康社会”提供有力的交通保障。

附件 1：泰兴市创建全省“四好农村路”达标县活动方案

附件 2：泰兴市“四好农村路”建设达标乡镇考核细则

附件1：泰兴市创建全省“四好农村路”达标县活动方案

为全面落实习近平总书记对农村公路的重要指示精神，促进全市农村公路建管养运协调可持续发展、推进农村交通基础设施率先基本实现现代化，根据省、泰州市统一部署，2016年，我市将组织创建全省“四好农村路”达标县，现结合全省创建要求及我市实际，制定创建方案如下：

一、创建目标

十二五期间建成“四好农村路”，即把农村公路建设好、管理好、养护好和运营好。

二、创建内容

结合全省创建验收指标以及我市实际，明确创建内容如下：

（一）建设好

1. 完成镇村公交配套工程。2016年，完成镇材公交配套道路及桥梁改造工程。（市农路办、交管所会同乡镇对镇村公交线路进行实地勘察，列出改造计划，通过“两年行动计划”实现。）

2. 乡村道双车道公路比例达标。2016年，乡村道四级双车道及以上公路比例提升至38%以上。（“两年行动计划”明确2016年完成道路提档升级300公里、该比例预计达40%；2017年完成220公里，该比例预计可达50%。）

3. 三级及以上公路比例达标。到2018年，农村公路三级及以上等级公路比例提升至30%。（自2016年起，每年新建、改造三级路10公里。）

4. 县道达三级公路标准。到2020年，县道达三级及以上等级公路标准。（自2016年起，每年新建、改造三级路10公里）

5. 集中居住点通等级公路。农村新的居民集中居住点建成时，配套通有等级公路。（新建集中居住点时同步建设）

6. 完成安全隐患治理任务。2016年，完成县道安全隐患治理；2017年，完成通镇村公交线路的村道安全隐患治理；2018年，完成乡道安全隐患治理。（市农路办、乡镇〈街道〉分级负责）

7. 三类及以上桥梁比例达标。2016 年农村公路三类及以上桥梁的比例不小于 85%；2017 年农村公路三类及以上桥梁的比例不小于 90%。（2016 年改造 80 座，2017 年改造 70 座）

8. 行政村通双车道公路。到 2017 年，通行政村双车道公路覆盖率达 100%。（“两年行动计划”，实施农村公路提档升级 520 公里）

9. 工程合格率达 98% 以上。农村公路“提档升级”工程、“撤渡建桥”工程和其他新改建工程交工验收合格率达 98% 以上。（已实现）

10. 杜绝重大安全责任事故。重大及以上安全责任事故得到有效遏制，较大和一般事故明显下降。（加大督查检查力度，加强人员教育）

（二）管理好

11. 主体责任全面落实。农村公路工作纳入市政府对各乡镇（街道）年度工作目标进行考核，市、乡镇建立以公共财政投入为主的农村公路管养资金保障机制。（市政府与乡镇签订目标责任书，列入政府目标管理考核）

12. 管理机构运转正常。市、乡镇农路办设置运转正常，管理人员相对稳定，具有正常办公条件。（2016 年，恢复乡镇农路办设置，落实管理、养护人员）

13. 管理机构经费纳入财政预算。市、乡镇农村公路管理机构经费纳入同级人民政府财政预算。（市、镇农路办办公费用由市财政安排）

14. 路政管理全覆盖。市路政大队负责县道的路政管理；路政中队（交管所）负责乡村道的路政管理，做到农村公路路政管理全覆盖。（已实现）

15. 建立路政群管网络。各乡镇制定爱路护路乡规民约，增强群众爱路护路意识。建立市路政大队统一领导，路政中队、乡镇农路办、村（居）参与的农村公路路政群管（协管）网络，各村（居）明确 1 名村干部协助管理农村公路，及时发现、制止损坏农村公路行为，对农村公路实行有效管理，做到市有路政员、镇有监管员、村有护路员。（2016 年建立网络）

16. 打造畅安舒美的通行环境。到 2018 年，具备条件的农村公路全部实现路田分家、路宅分家，全力整治穿越城镇、村庄的道路，努力打造畅安舒美的通行环境。（结合提档升级建设逐年整治）

17. 公路绿化达标。到 2016 年底，县道绿化率达 100%；到 2018 年底，乡村道绿化率达 100%。（与道路提档升级改造同步实施）

（三）养护好

18. 养护经费纳入财政预算。农村公路养护经费全部纳入各级财政预算，并建立稳定的增长机制，基本满足养护需求。（县道列入市财政预算，乡村道列入镇财政预算；乡村道维修费用实行"市镇各半"）

19. 农村公路有路必养。等级公路列养率达到100%，经常性养护率达到100%。（2016年，恢复乡镇农路办，建立养护队伍）

20. 重视养护大中修。每年县道大中修工程达到养护里程的8%；乡村道大中修工程达到养护里程的3%以上。（资金列入各级财政预算）

21. 农村公路技术状况好。农村公路优、良、中等路的比率县道不低于90%、乡村道不低于80%，路面技术状况指数（PQI）稳中有升。（加强日常小修保养，大中修）

（四）运营好

22. 行政村通镇村公交。镇村公交开通率达到100%；并落实财政补贴，有效运营。（已完成）

23. 城乡道路客运一体化发展。城乡道路客运一体化发展水平达到省级标准4A级（含）以上。（已完成）

24. 建立农村物流网络。到2020年，基本建成覆盖市、镇、村三级的农村物流网络。（运邮结合）

三、创建措施

（一）健全完善农村公路管理机构

各乡镇（街道）要严格按照《公路法》《江苏省农村公路管理办法》以及《市政府办公室关于进一步强化乡村公路养护管理的意见》等规定，切实履行乡村道建设管理养护的主体责任，建立完善本辖区农村公路组织机构、管理网络，完成乡镇农路办的设置调整工作，落实好管理人员，建立养护队伍。

（二）精心组织提档升级"两年行动"计划

为确保四级公路双车道公路比例达标、镇村公交车辆通行安全、顺畅，根据市政府部署，启动实施2016—2017年农村公路提档升级两年行动计划，确保完成2013—2018年规划的建设规模。各乡镇（街道）是农村公路提档升级及乡村道危桥改造的实施主体，要加强领导，精心组织，市农路办要加强督查和指导，确保完成市政府下达的年度建设计划，确保工程质量。

（三）全面提升农村公路养护水平

市农路办、各乡镇（街道）要牢固树立建设养护并重的理念，认真开展好县道、乡村道的养护管理，重点加强对路面、路基、桥梁、绿化、沿线设施等方面的综合养护管理工作，加强日常小修保养，加大养护大中修力度，确保优良中等比率县道不低于90%、乡村道不低于80%，路面技术状况指数稳中有升。

要坚持“修小、修早、修好”，气加强道路日常小修，确保路面无坑槽、无严重破碎板。要重视养护大中修，县道大中修比例不低于养护里程的8%、乡村道不低于养护里程的3%。要定期开展桥梁经常性检查和定期检查，加强动态管理，熟练应用桥梁管理系统。要加强绿化日常养护，及时做好修剪、除草、补栽等工作，确保道路绿化效果。市农路办、各乡镇（街道）要加强道路沿线的安保标志、里程碑、百米桩等设施的管护，凡有缺失的要补齐，未设置里程碑、百米桩的要进行设置，并完成漆化工作。

（四）扎实开展公路环境整治

环境整治工作实行乡镇（街道）属地管理，由各乡镇（街道）牵头负责，要集中公路养护人员、“五位一体”环境管护人员对辖区内县道、乡村道公路环境进行专项整治，重点整治道路两侧“八乱”和路肩种植现象，及时清运路边垃圾箱内垃圾，做到日产日清。要利用好夏、秋两季播种季节，开展好路肩种植物的清理，坚持教育宣传在先，对不听劝阻仍然利用路肩种植的，要组织人员及时铲除，坚决将路肩种植控制在萌芽状态。市路政管理部门要加大执法检查力度，及时清理公路两侧非公路标志，努力营造优美的公路环境。

四、活动步骤

（一）制定方案（2016年4月）

根据达标县创建要求，组织人员对全市农村公路进行全面细致的排查，分析各项创建指标存在的差距，重点做好两项调查，即农村公路路况调查和安全环境调查。落实好三个计划方案：一是提档升级工程方案；二是农村公路养护大中修工程方案；三是实施农村公路安全生命防护工程方案。

（二）加强宣传（2016 年 5 月）

召开全市创建工作动员部署会，成立创建工作班子。组织开展农村公路专题宣传活动，充分运用报纸、电视、网络、微信等媒体，把握正确舆论导向，充分展示全市农村公路发展成就，进一步提升社会知晓度，争取社会各界更多的理解和支持。

（三）集中整治（2016 年 6 月—10 月）

针对创建内容、时间节点积极有序推进实施，各参与创建单位要强化责任意识，安排专人负责，确保工作质量。市效能办、市农工办、市农路办要加强检查督查，及时协调解决实施过程中出现的问题与困难，努力实现农村公路“建好、管好、护好、运营好”的总体要求。具体时间要求如下：

六月份：①召开全市养护管理工作会议，具体部署相关创建工作任务；②完成乡镇农路办恢复、建立养护队伍；③建立全市农村公路建设养护、路政协管网络；④完成农村公路安全生命防护工程设计、第二批提档升级桥梁设计；⑤开展第一次环境专项整治，各乡镇（街道）组织力量对辖区内的县道、乡村道的路肩种植进行全面清理；⑥全面启动提档升级工程建设；⑦下达 2016 年四级路维修计划、2016 年乡镇农路办办公费用、交管所路政巡查费用；⑧组织督查。

七月份：①组织全市养护人员、路政执法人员、乡镇农路办及养护工区人员内业资料培训；②按照新标准完成内业资料整理归档工作；③办理路政执法证件换证；④路政大队牵头，路政中队、乡镇农路办配合，集中开展路政执法行动，加强公路非标、道口搭接等管理，加大农村公路超限检查力度；⑤完成安全生命防护工程招标并组织实施；⑥组织部分乡镇到外县参观学习；⑦组织督查。

八月份：①加强对金华公司、乡镇农路办的督促检查，完成市农路办下达的 2016 年维修计划；②启动最美农路、最美养护工评选活动；③组织督查。

九月份：①完成路肩培土，整修路肩；②组织督查。

十月份：①完成绿化补栽；②完成县道大中修；③完成安防工程建设；④完成里程碑、百米桩补栽、漆化工作；⑤开展环境专项整治；⑥组织督查。

（四）整改提高（2016 年 11 月）

市农路办牵头，对各乡镇（街道）创建工作进行逐项检查自验，主要检查各乡镇（街道）主体责任、资金保障、”四好农村路”制度建立与执行、各项台账资料、养护线路管理质量、镇村公交线路改造等内容。对未达到创建要求的项目，督促限期整改。

（五）迎检准备（2016 年 12 月）

对照省创建验收指标，收集整理好相关文字资料、影像资料，并完成创建 VCD 制作，对创建工作进行总结，并向上级部门提出验收申请，迎接检查验收。

五、工作要求

（一）组织领导，明确职责

市政府成立的“四好农村路”建设领导小组负责今年创建工作的统一部署和重大事项的协调工作。同时，成立由市效能办牵头，市农工办、市农路办参加的督查小组，定期对各乡镇（街道）创建工作完成情况进行专项督查，并将督查情况全市通报。各创建单位要建立本单位创建工作班子，有序推进各项创建措施，确保创建工作落到实处。

（二）加大投入，确保效果

创建江苏省“四好农村路”达标县是一项实事工程、惠民工程，需一定的资金投入。市、镇要合理安排好创建资金，确保创建工作的顺利实施。在创建过程中，应因地制宜，采取有效措施，保证工程质量、创建效果。对验收达标的乡镇，市政府将给予一定的奖励；对验收不达标的乡镇，在对物质文明和精神文明单项奖进行考核时，实行一票否决。

（三）强化考核，狠抓落实

各创建成员单位要进一步分解任务，落实具体责任人，各单位之间要通力合作，协调配合。创建工作领导小组要建立检查、考核制度，定期召开专题会议，掌握创建动态，切实解决创建工作中存在的各种问题。市政府将今年达标县创建工作纳入 2016 年度各乡镇（街道）目标管理考核内容，确保创建工作圆满完成。

附件 2：泰兴市"四好农村路"建设达标乡镇考核细则

考核项目	考核内容	分值	考核标准	考核情况
一、建设好（40 分）	1. 按期完成市交年度提档升级建设任务	8	按完成的比例计分	
	2. 严格履行报批程序，工程开工前，须向市农路办报送工程开工报告，经批准后方可施工，严格执行工序报验制，上一道工序未经检验合格不得进入下一道工序施工	8	未执行工程开工报告及未按程序报验，擅自进行工程施工的，扣 1 分 / 项目	
	3. 精心组织辖区内农村公路提档升级工程建设，确保按时间节点完成	8	道路必须在当年 10 月底前完工，桥梁在当年 12 月底前完工，未按期完成的，每逾期 1 个月扣 1 分 / 项目	
	4. 加强工程质量安全管理，建立工程质量管理体系，明确分管领导、责任人、道路、桥梁须按规定落实社会监理，加强施工路段安全管理，施工路段应设置相应的施工、安全警告标志，工程质量合格	8	管理体系未建立、未按规定落实社会监理、施工路段未设置相应的警告标志的，扣 1 分 / 项目，经市验收不合格的，扣 1 分 / 项目，并取消省计划指标	
	5. 抓好附属工程建设，道路主体工程完工后，需同步实施路面灌缝、路肩培土、绿化、安保设施、里程碑、百米桩等附属工程，确保建设一条、成一条、美化一条	8	有一项未到位的，扣 0.5 分	
二、管理好（15 分）	6. 乡镇农路办运转正常，农路办人员配备到位，有管理网络，有固定的养护队伍；有电脑、打印机等办公设施。每月对养护人员进行考核	5	有一项不到位，扣 1 分 / 项，每月未对养护人员进行考核的，扣 1 分	
	7. 建立路政群管理网络，全镇建立公路保护的乡规民约，建立镇、村公路路政群管网络，做到路政管理全覆盖	5	未建立路政群管网络的，扣 1 分，未制定公路保护的乡规民约的，扣 1 分	
	8. 加强公路路产保护，辖区内公路得到有效保护，无未经批准擅自挖掘公路、搭接道口，公路建筑控制区内无新增违章建筑物，路面无堆积物	5	发现一处扣 0.5 分，未按路政管理部门要求停工整改的，扣 1 分	

续上表

考核项目	考核内容	分值	考核标准	考核情况
三、养护好（30分）	9.严格执行养护巡查制度，乡镇农路办每周巡查不少于1次，养护人员每天巡查不少于1次；桥梁经常性检查每季度1次	5	未按规定频率进行巡查的，扣1分，巡查记录造假的，扣2分	
	10.加强道路小修和养护大中路，乡村道“优、良、中”比率达80%，路面保持平整完好、干净整洁，确保无坑塘、无严重破碎板，路肩无水毁；加强桥梁养护、确保栏杆完好、无缺损、桥头无路车，路肩无农作物	10	优良路率不达标的，每低1个百分点扣0.5分；其他不达标项目，发现1处扣0.5分	
	11.加强道路沿线设施养护。在学校、村庄、交叉路口、宽路窄桥、危桥等险要路段设置警告标志，保持标志齐全、醒目，无缺损、无歪倒；加强临河段护栏管护，确保完整、无缺损；定期对里程碑、百米桩进行补栽、漆化，确保醒目，树立养护责任公示牌	5	有一处不达标扣0.5分	
	12.加强道路绿化养护。按绿化生长特点，及时进行修剪、除草、抹芽，确保绿化长势良好；冬季行道树1.2米以下刷白；适时做好绿化缺株补植工作	5	不及时修剪、整枝、抹芽、清除枯病枝，冬季行道树1.2米以下未刷白的，每200m扣0.5分，不足200m按200m计	
	13.加强内业管理台账建设。按照上级要求，建立相应的基础台账及日常管理资料	5	缺一项扣1分、有一处填写错误扣0.5分	
四、运营好（15分）	14.将镇村公交纳入乡镇财政预算，配套好资金，根据市审计局牵头审计的结果按比例及时足额补贴到位，确保镇村公交健康有序运营	10	按配套的资金比例计分	
	15.牵头有关职能部门强化市场管理，对占道经营、设置障碍物及时清理整顿，对阻碍市镇客运和镇村公交车辆营运、损毁基础设施的非法行为依法处置，确保道路交通安全和营运畅通有序	5	未及时清理占道经营、障碍物，导致车辆无法正常运行的，发现一起扣0.5分；因监管不到位，导致公交站亭、牌人为损坏、被盗的，发现一起扣0.5分	

续上表

考核项目	考核内容	分值	考核标准	考核情况
五、加分项	1. 超额完成市下达年度建设计划的，加 2 分 2. 提供市级农村公路建设养护现场会的，扣 1 分；提供市级以上农村公路现场会的加 3 分 3. 年度养护配资金达 10 万～ 20 万元，加 1 分；达 20 万元以上，加 2 分			

附件 D

市政府关于印发全市农村公路提档升级两年行动计划的实施意见

2016 年 6 月 3 日　　泰政发〔2016〕50 号

为深入贯彻习近平总书记建设“四好农村路”的指示精神，全面提升我市农村公路的通行条件和安全水平，更好地服务城乡经济社会统筹发展，经市政府研究，决定在全市开展农村公路提档升级两年行动计划（2016—2017），并提出如下实施意见：

一、指导思想

深入贯彻落实习近平总书记对农村公路的重要指示精神，进一步强化责任，创新举措，加大投入，快速推进农村公路提档升级步伐，进一步完善优化农村公路网络，努力实现“建好、管好、护好、运营好”的“四好农村路”目标，为实现“全面领先苏中、加快融入苏南，建成更高水平小康社会”提供有力支撑和坚强保障。

二、目标任务

2016—2017 年，全市计划实施道路提档升级 520 公里，改造危桥 150 座。2016 年，完成提档升级 300 公里、改造危桥 80 座，完成镇村公交线路提档升级和危桥改造任务；2017 年，完成提档升级 220 公里、改造危桥 70 座。

三、建设标准

农村公路提档升级改造方案可采用一般拓宽、拓宽后全幅加铺水泥混凝土或沥青混凝土。各乡镇（街道）要坚持适度超前、科学规划、因地制宜，根据交通量、道路功能、老路破损程度及新农村建设规划等合理选择改造方案，要确保提档升级改造后的道路能在一定时期内满足通行需求，道路整体路况、路容路貌达到优良。

提档升级道路、桥梁项目的施工图设计统一由市农路办委托设计单位设计，各乡镇（街道）要严格按照设计方案组织招标和工程施工，不得擅自变更方案设计，不得随意调换已经下达的建设计划。对列入提档升级改造项目的安保设施，由市农路办统一设置，验收后移交乡镇（街道）纳入日常管护。提档升级路段存在宽路窄桥等明显安全隐患的，各乡镇（街道）在实施工程建设时，要采取临时防护措施，确保安全。

拓宽方案：拓宽后路面宽度≥ 5.5m，路面面层采用 C40 水泥混凝土路面，厚度≥ 19cm、抗折强度 4.5MPa。采用沥青混凝土路面，厚度≥ 5cm、压实度≥ 96%。路面基层采用 C20 水泥混凝土，厚度≥ 16cm，宽度应符合设计要求并保证路面立模。底基层采用 20cm10% 石灰土。路基翻松 20cm 掺 5% 石灰土。

四、资 金 奖 补

1. 济川街道、虹桥镇、滨江镇的补助标准；除省补资金外，采用一般拓宽方案的，市财政奖补 8 万元 / 公里；采用全幅加铺方案的，市财政奖补 13 万元 / 公里；桥梁奖补 800 元 / 平方米。

2. 根思乡、宣堡镇、新街镇、元竹镇、古溪镇、分界镇、黄桥镇、珊瑚镇、广陵镇、曲霞镇、河失镇、姚王镇、张桥镇的补助标准：除省补资金外，采用一般拓宽方案的，市财政奖补 10 万元 / 公里；采用全幅加铺方案的，市财政奖补 15 万元 / 公里；桥梁奖补 1000 元 / 平方米。

拨付市财政奖补资金应具备的条件：①按期完成市下达的年度建设任务，未完成市下达的年度建设任务的，不享受差别化补助政策；②差别化补助政策适用 2016—2017 年期间提档升级改造的项目（桥梁项目可延长到 2018 年）；③经省、市交通部门验收合格的项目；④灌缝、绿化、里程碑、百米桩等附属工程同步到位。

五、相关职责

各乡镇（街道）负责农村公路提档升级工程的具体实施，要大力弘扬新时期“三个不相信精神”，切实强化目标必成意识、大局意识，履职担当，主动作为。要围绕市下达的目标任务，进一步细化实施方案，落实专门班子，加大资金投入，加强工程管理，年度建设计划必须按期或超额完成，以阶段性目标的完成保证总目标的实现。

市交通运输局负责全市农村公路提档升级计划的审核、上报，并根据批准的计划下达乡镇（街道）实施；负责工程进度、质量督查、质量验收及省、市补助资金拨付。

市发改委负责项目立项审批工作。

市农工办负责乡镇（街道）招标管理、督查乡镇农民负担执行情况等工作。

市监察局对各乡镇（街道）工程进度、质量管理进行效能监察，对相关部门服务保障工作进行督查。

市财政局负责奖补资金的筹集，省、市奖补资金的审核拨付，并做好相关服务保障工作。

市国土局负责农村公路建设用地调整、指导与协调，并做好相关服务保障工作。

市规划局负责办理项目规划选址意见书、用地红线图，并做好相关服务保障工作。

市住建局负责项目规划选址审批，并做好相关服务保障工作。

市公安局负责工程建设期间的矛盾纠纷处置，道路交通安全综合评价，并做好相关服务保障工作。

市水务局负责水系调整、办理项目洪评手续，并做好相关服务保障工作。

市环保局负责办理项目环评手续，并做好相关服务保障工作。

市审计局负责省、市补助资金使用情况审计，并做好相关服务保障工作。

市供电、电信、网络、自来水等部门、单位负责工程施工范围内的杆线、管线迁移工作。

农村公路提档升级两年行动计划，是市委、市政府作出的重大决策部署，也是实现“全面领先苏中、加快融入苏南、建成更高水平小康社会”的现实需要。各乡镇（街道）要高度重视，精心组织，拼搏奉献；相关职能部门要各司其职，密切配合，形成合力，确保按期完成市委、市政府确定的 2016—2017 年农村公路提档升级改造任务。

附件 E

市政府办公室关于进一步强化乡村公路养护管理的意见

2016 年 6 月 3 日　　　　泰政办发〔2016〕72 号

党的十八大以来，习近平总书记多次对农村公路做出重要指示，要求把农村公路“建好、管好、护好、运营好”，更好地服务城乡统筹发展，保障广大群众生命财产安全。截止到 2015 年底，我市已建成乡道、村道近 1500 公里；到“十三五”末，实施农村公路提档升级约 1000 公里，为改善群众出行条件、服务地方经济发展发挥着重要作用。但由于管护责任不明确，管理体制不完善，资金投入不足等因素，农村公路重建轻养现象突出，部分道路处于失养失管状态，存在很大的安全隐患，不利于农村公路的可持续发展。根据“四好农村路”建设要求，现就进一步强化乡村公路养护管理工作提出如下意见：

一、强化乡镇农村公路管理办公室建设

根据《公路法》《江苏省农村公路管理办法》等法律法规的规定，乡镇人民政府（街道办事处）是乡道、村道建设、管理、养护的责任主体。各乡镇（街道）应设置农村公路管理机构专司农村公路建设、管理、养护工作，确保实现“有路必养、养必优良”的工作目标，因此，必须要强化农村公路管理机构的建设。

1. 组织机构。建立健全乡镇农村公路管理养护组织机构、管理网络，明确 1 名乡镇分管领导，设置乡镇农路办专司其职，配备 2 名以上养护管理人员，人员从现有其他科室调整或聘用，管理人员要相对固定

2. 养护队伍。乡镇委托专业养护公司或组建养护队伍，从事乡村公路管理养护生产作业。按不超过 5 公里 1 名养护人员配备，所聘用的养护人员应身体健康、责任心强、年龄小于 65 岁。

3. 办公条件。乡镇农路办有固定办公室，配备电脑、相机等办公设备，有巡查交通工具。

二、加强有关制度建设

4. 管理制度。根据省厅公路局《关于下发乡村公路养护管理制度及台账的通知》（交公农路〔2009〕274 号）要求，乡镇农村公路管养组织机构网络、岗位职责、管养乡村公路示意图张挂上墙，机构管理制度汇编成册。

5. 养护巡查。严格执行养护巡查制度，乡镇农路办每周巡查不少于 1 次，养护人员每天巡查不少于 1 次；桥梁经常性检查每季度 1 次。遇有恶劣天气，要加大巡查频率和巡查范围。配合做好路政管理工作，对发生破路损桥和未经路政许可擅自实施的违法行为，及时制止、报告并配合路政管理部门进行查处。

6. 档案台账。乡镇建立“一路一档、一桥一档”电子技术档案和养护管理电子台账，技术档案数据准确、更新及时，养护质量检查评定记录、日常巡查记录等台账记录真实、及时、正确，养护管理台账一年一盘存档。

7. 考核评比。考核奖惩分明，乡镇与养护单位或养护人员签订养护责任书，对养护单位、养护人员每月检查考核，每季通报道路管养情况。

8. 特情处置。建立应急处置制度，根据当地实际，编制特情处置预案。发生特殊情况时，能及时有效处置。

三、严格养护管理标准

9. 路面养护。乡村道“优良路率”指标达 80%；路面平整完好，初期病害和局部损坏“修早、修小、修好”，无影响行车安全的严重病害；水泥混凝土路面接缝、沥青路面裂缝灌缝及时、有效；路面整洁、干净、无垃圾、无杂物、无堆积物。

10. 路肩边坡。路肩宽度不小于 0.5 米，具有足够的强度和稳定性，无冲沟、无坍塌，无高于 15cm 的高草，无农作物；路肩排水设施到位，无积水；边坡稳定，水沟畅通。结合道路提档升级，同步完善土路肩；具备条件的农村公路全部实现路田分家、路宅分家。

11. 桥梁涵洞。无五类桥，对四类桥梁需采取处治措施，确保交通安全。桥头衔接平顺，栏杆完好、齐全，上、下部构造完好，桥头、涵顶不跳车。

12. 公路绿化。宜林路段栽植乔木，胸径不小于 3cm；村庄、集镇段种植矮灌木，矮灌木冠径达 50cm 以上，乔木、灌木株距不大于 6 米。土路肩提倡种植草皮或自然草，形成协调美观的公路环境。

13. 标志标牌。学校、村庄、交叉道口、宽路窄桥、桥梁荷载标准不足、危桥设警告标志，桥梁适当位置设立桥名牌。每条线路设置里程碑、百米桩，树立养护责任公示牌。

四、开展路产路权保护

14. 控制区管理。农村公路建筑控制区管理实行乡镇（街道）属地管护责任，各村居主要负责人为第一责任人。农村公路建筑控制区实行乡道 5 米、村道 3 米管理。各乡镇（街道）要明确责任，加强巡查和管理，及时发现、查处控制区内新增违法建筑。

15. 公路及公路用地管理。无未经路政管理部门批准，擅自挖掘公路、搭接道口；路边和桥下无垃圾、堆积物及其他有碍观瞻物，无焚烧秸秆，路面无打谷晒场。

16. 路容路貌。路边马路市场、摆摊设点清理到位。集镇村庄路段无堆积、无杂物、无倾倒垃圾现象。

五、加强安全生命防护工程建设

根据国务院办公厅《关于实施公路安全生命防护工程的意见》，“十三五”期间，要加大农村公路安全隐患排查整治力度，全面完成农村公路安全生命防护工程建设。各乡镇（街道）是乡道、村道安全隐患排查整治的责任主体，要开展好以下工作：

17. 隐患排查。2016 年底前，完成辖区内乡道、村道安全隐患排查和治理规划工作，列出每条路线上的安全隐患，并制订整治计划。完成接送学生车辆路线上的急弯陡坡、临水路段的隐患整治工作；2017 年，完成通镇村公交线路的村道安全隐患治理；2018 年，完成乡道安全隐患治理。实现农村公路交通安全基础设施明显改善、安全防护水平显著提高。

18. 安保设施。对列入提档升级改造项目的安保设施，由市交通部门统一设置，设置后移交乡镇（街道）管护，凡有缺损的，由乡镇（街道）负责补设到位。提档升级路段存在宽路窄桥等明显安全隐患的，各乡镇（街道）在实施工程建设时，要采取临时防护措施，确保安全。

六、落实养护管理经费

19. 管养资金。对列养的乡道、村道，按 1200 元 / 公里安排日常养护费用；各乡镇（街道）按不超过 5 公里 1 名养护人员配置。道路维修按 50 元 / 平方米进行补助，不足部分由乡镇配套。

20. 办公费用。各乡镇（街道）按要求完成农路办设置、配备管理人员，市财政将对各乡镇（街道）农路办办公费用进行一定的补助，保障农路办正常开展提档升级工程质量监管、养护巡查等工作。

附件 F

关于进一步强化交管所（分局）农村公路有关工作的通知

2016 年 8 月 11 日　　　　泰农路办〔2016〕10 号

为全面贯彻习近平总书记建设“四好农村路”的重要指示精神，进一步完善我市农村公路建设管理网络，依法保护农村公路路产路权，根据《江苏省农村公路管理办法》《全省乡镇交通运输综合行政执法实施意见》等相关规定，现就进一步强化各交管所（分局）农村公路有关工作通知如下：

一、主要职责

（一）建设管理

1. 配合市农路办、辖区乡镇（街道）做好农村公路提档升级计划的编制、现场勘察、数据上报工作。

2. 负责辖区内农村公路提档升级工程现场巡查检查，督促工程进度和质量。

3. 每周向市农路办报送工程建设进度报表。

4. 参与提档升级工程的交（竣）工验收。

（二）路政管理

1. 负责辖区内乡村道的路政巡查和乡道两侧建筑控制区的管理，每周巡查不少于 1 次。

2. 负责查处辖区内乡道、村道上违反路政管理规定的行为。

3. 负责辖区内乡道、村道养护及施工路段的检查管理工作。

4. 依法查处乡道、村道上超限运输行为。

（三）养护管理

1. 督促指导辖区乡镇（街道）做好乡道、村道的日常养护管理工作，不断提升道路优良率，确保道路完好、畅通。

2. 督促乡镇（街道）加强对现有标志标牌、护栏、警示桩等安全设施管理和维护，确保齐全、有效。

3. 负责乡村道维修计划的现场统计审核、质量检查、计量初验；督促乡镇（街道）实施好年度维修作业计划。

4. 加强日常巡查，每周巡查不少于 1 次。遇有恶劣天气，应加大巡查频率，并做好巡查记录。

二、工作要求

（一）强化工作责任。依法管理好、保护好农村公路是促进农村公路可持续发展、巩固农村公路建设成果、确保公路完好、畅通的重要手段，各单位要高度重视，统筹安排好相关工作，制定好年度提档升级工程质量监管、路政管理的工作计划，明确分管领导具体抓，确保工作取得实效。

（二）严格依法行政。通过严格规范的管理，对农村公路实现建设好、管理好、养护好的目标。各交管所（分局）要认真履职，积极作为，加强巡查，确保每周正常巡查不少于 1 次，遇有恶劣天气加大巡查频率，认真做好巡查记录，巡查记录规范准确。要加大路政行政执法检查力度，依法查处未经批准擅自挖掘公路、增设道口、超限运输、在公路控制区内违法建设等各类路政违法行为，切实做到“履职担当，在岗作为”有效保护农村公路路产路权。

（三）规范执法行为。各交管所（分局）在开展路政管理时，要做到依法、文明、规范。查处路政违法行为及涉路工程施工，要做到事实清楚、证据确凿、程序合法、依据适用准确和文书填制规范，依法办理农村公路路政许可、实施路政处罚（处理）等。市路政大队要定期组织执法培训，安排执法人员定期到各交管所（分局）现场配合、指导工作，努力提高交管所（分局）管理人员的执法能力和水平。

（四）建立群管网络。建立和完善市、镇、村三级路政管理体系。各交管所（分局）要加强与各乡镇（街道）农路办的对接，指导制定爱路护路的乡规民约，建立乡镇、村

（居）农村公路路政群管（协管）网络，设立路政违法行为举报电话，对举报有功者可给予适当物质奖励，充分调动社会和广大群众的力量，及时发现、制止损坏农村公路行为，对农村公路实行有效管理。

（五）加强督查考核。市农路办将会同市路政大队，不定期对各交管所（分局）农村公路工作完成情况进行综合考核，考核总分为 100 分。得分不低于 90 分的，全额拨付巡查经费，低于 90 分的，按比例拨付巡查经费，并对排名前三名的单位，分别在次年安排巡查经费时增加 5000 元、4000 元和 3000 元的经费额度。同时，考核结果将按比例折算成局目标考核中的相应得分。

附件：交管所（分局）农村公路日常工作考核表

附件：交管所（分局）农村公路日常工作考核表

单位：　　　　考核月份：　　年　　月　　　　　　得分：

项目	考核内容	分值	考核标准	检查情况记载	得分
队伍建设 20 分	加强对全员的路政法律法规和公路养护相关知识的学习，能适应工作需要	5	未进行路政或养护业务知识集中学习的，扣 0.5 分		
	及时传达上级公路相关会议、文件精神，能结合本辖区实际制定可行的工作计划	5	未及时进行会议传达、贯彻的，扣 1 分；无相应工作措施、计划的扣 1 分		
	服从领导，确保政令畅通，大局观念强，对部署的中心任务不推诿、不应付，遇有重大事项坚持请示汇报	5	大局观念淡薄，对部署的中心活动不能按时完成的，或推诿、应付的扣 2 分		
	经常开展人员廉政教育，严格执行“十项禁令”，不向辖区乡镇及施工业主“吃、拿、卡、要”	5	廉政意识淡薄，扣 2 分；有“吃、拿、卡、要”的，扣 5 分，并取消先进单位评比资格		
建设管理 20 分	加强对农村公路建设施工现场的巡查、质量管理，确保施工规范、质量合格	10	经检查发现施工不规范，每次扣 0.5 分；辖区内有一个省检不合格项目扣 0.5 分		
	每周三向局农路办报送辖区内工程建设进度报表	5	未按时报送的每次扣 0.5 分		
	施工路段现场管理规范，安全标志齐全、规范、醒目	5	施工路段现场管理混乱，安全标志不齐全、不规范扣 0.5 分，发生安全责任事故一次扣 1 分		
路政管理 20 分	路政管理效果好。管养线路建筑控制区内无新增违法建筑物、构筑物；无违法占用、挖掘跨越公路，公路用地内无非公路标志，无新增违法搭接道口，无马路市场、摆摊设点，路肩无种植，公路及公路用地范围内无堆积物	10	新增违法行为，未及时发现的，扣 1 分；未下发路政管理通知书的，每 1 处扣 1 分；有未经审批的挖掘、占用、跨越、穿越公路，未及时查处、上报、造成信息倒流的扣 1 分 / 次，扣完为止		
	加强超载、超限运输管理，对擅自驶入乡村道路的超限运输车辆及时查处	5	对驶入农村公路超载超限运输车辆未及时查处的，一次扣 1 分		
		5	未完成年度下达的个性目标的，按比例扣分		

续上表

项目	考核内容	分值	考核标准	检查情况记载	得分
养护管理 25分	加强乡村道养护巡查，确保公路无明显桥头跳车、无严重破碎板、桥梁栏杆无缺失、路基无塌方，路肩平整密实无缺损	5	发现一处问题，未在巡查记录上反映的，扣0.5分；未下达养护整改建议书的，扣1分		
	督促乡镇加强对安保设施、标志的巡查与管理，确保无缺尖、无歪倒	5	安保设施缺失、歪倒的，每处扣0.5分		
	督促乡镇按下达的维修计划组织维修，确保按期完成维修计划	5	未完成年度维修计划的，扣1分		
	加强维修期间的质量、安全检查，确保维修质量，确保施工路段安全措施到位	5	发现有现场施工不规范的，扣1分。维修质量不合格的，扣1分		
	对完工项目进行初步验收，确保计量真实、准确	5	验收数据与现场数据不符的，扣1分		
内务管理 15分	按要求建立健全管养道路、桥梁基础台账资料，各类信息录入及时、完整、准确、规范	4	台账资料不全的，少一项扣0.5分；项目不填的扣0.5分		
	制定年度、月度路政工作计划，并及时向市农路办、路政大队报送	4	无计划的，扣1分；未及时报送扣1分		
	完善单位内部考核机制，坚持月度工作考核，做到奖勤罚懒	4	无月度工作考核的，扣1分		
	票据、文书管理严格，使用规范、准确	3	管理松懈、无相应规章制度扣1分，票据、文书填写不规范扣1分		

考核人员：　　　　　　　　　　　　　　日期：　　年　　月　　日

附件 G

市政府办公室关于促进全市农村公路管理养护工作健康可持续发展的意见

2016 年 11 月 8 日　　　　泰政办发〔2016〕131 号

为全面贯彻习近平总书记建设“四好农村路”的重要指示精神，切实巩固全市农村公路建设成果，更好地服务人民群众安全便捷出行，根据交通运输部《农村公路养护管理办法》、市政府《关于推进“四好农村路”建设的实施意见》(泰政发〔2016〕49 号)，结合泰兴实际，现就促进全市农村公路管理养护工作健康可持续发展提如下意见：

一、理顺管理体制机制

农村公路是指经省交通运输主管部门验收认定，列入交通运输部统计年报的道路，包括县道、乡道和村道，到 2015 年底，全市现有县道 370 公里、乡道 683 公里、村道 883 公里。根据《江苏省公路条例》《江苏省农村公路管理办法》等规定，交通运输部门负责全市农村公路管理养护行业指导，并具体承担县道的管理养护工作；各乡镇人民政府（街道办事处）承担辖区内乡道、村道的日常管理和养护工作。乡道、村道的管理养护职能调整为乡镇（街道）设置的农路办负责，其他村庄内的道路仍列入“五位一体”进行管护。

各乡镇（街道）要迅速调整充实农路办人员配备，根据管辖范围落实 2 名人员具体负责辖区内农村公路的建设、管理及养护等工作，管理人员从乡镇（街道）内部其他科室调剂，确保管理人员相对稳定，能胜任工作需要。按照公路养护规范等行业要求，组建专职的养护队伍。各乡镇（街道）可通过与专业养护单位签订养护合同，实行专业化养护；或通过向社会招聘、从“五位一体”管护人员中调剂部分人员等方式落实养护人员，每个养护人员的养护里程控制在 5 公里以内，养护人员应身体健康、责任心强，年龄不得超过 65 岁。

二、统一养护作业内容

根据《公路养护规范》要求，农村公路养护主要包括以下五个方面：

（一）路基

1. 路肩表面应平整密实不积水，与路面接壤高差小于 2cm，无明显轮迹，无 15cm 以上高草，无杂物、垃圾、堆积物；

2. 边坡坡面应平顺、坚实无冲沟，无杂草、杂物、垃圾；

3. 边沟应保持通畅，无积水、杂物、杂草、积淤。

（二）路面

1. 路面、桥面应保持干净，雨天、汛期应无严重积水；

2. 沥青路面应无严重裂缝、拥包、坑槽、沉陷等病害；水泥混凝土路面无严重裂缝、拱赶、错台、板角断裂等病害，填缝料无老化、无脱落。

（三）桥涵构造物

1. 桥面应整洁、无堆积物、杂草；

2. 构件表面应无损坏、开裂、起皮、剥落、锈迹；

3. 桥面铺装平整无裂缝、坑槽、波浪、边角破碎等病害，混凝土桥面应无剥离、渗漏，钢筋露筋、锈蚀现象，填缝料无老化；

4. 桥头无跳车现象；

5. 泄水孔应无堵塞和破损；

6. 伸缩缝应无堵塞、连接部件应无松动、脱落、局部破损；

7. 桥栏杆、防撞护拦应无损坏；

8. 支座应无明显缺陷，活动支座灵活有效；墩台及基础未受到冲刷损坏、外露、悬空、下沉，受到船只或漂浮物撞击受损，翼墙（侧墙、耳墙）应无开裂、风化剥落和异常变形；

9. 锥坡、护坡无塌陷，铺砌面无缺损、勾缝脱落；

10. 涵洞无损坏、堵塞。

（四）沿线设施

里程碑、百米桩、安全桩、警示桩、标线、标志、标牌等应无缺损、干净、醒目。每年对里程碑、百米桩及桥头端柱漆化。

（五）绿化

绿化路段乔灌木应及时抹芽、修剪、扶正（尤其是遮挡行车视线和标牌的枝叶），做好病虫害防治，冬季行道树 1.2 米以下位置刷白。

三、稳定管养资金来源

（一）资金筹集

1. 农村公路管理养护经费纳入市、乡镇（街道）财政年度预算，并建立稳定的增长机制，满足基本养护需求。按照“省级补助、市镇筹集、多元筹资”的原则筹集。

2. 农村公路管理养护经费按照专户存储、专款专用的原则，财政、交通、各乡镇（街道）分别设立农村公路管理养护专项资金账户，任何单位和个人不得截留、挤占和挪用。

3. 管养经费筹集方式：县道养护费用除省补资金外，由市财政配套。乡村道养护费用，由市财政按省补资金 1 ∶ 1 比例进行配套；各乡镇（街道）按不低于 2000 元 / 公里进行配套。

（二）资金使用

1. 县道管养预算经费使用范围：

（1）县道日常小修保养；

（2）路政巡查费用。

2. 乡村道管养预算经费使用范围：

（1）按每 5 公里配备 1 名养护人员，每人定额补助 1 万元 / 年（不足部分由乡镇解决），支付养护人员工资；

（2）补助乡镇农路办巡查办公费用；

（3）路政中队辅助执法人员工资；

（4）路政中队路政巡查经费；

每年市政府表彰的农村公路工作先进集体、先进个人考核奖励；

（5）乡村道路维修。（按 50 元 / 平方米进行补助，全年安排 6 万平方左右的维修工作量，按乡镇列养里程将维修计划下达乡镇。）

3. 省市管理养护资金由市农路办统筹安排，并根据管理养护计划执行情况和定期考核结果进行拨付，考核办法由市农路办负责制定。

四、强化绩效管理考核

加强农村公路管理养护是促进全市农村公路健康可持续发展的重要手段，市交通运输部门、各乡镇（街道）要将农村公路管理养护工作摆上重要议事日程，认真抓好相关工作，确保管理养护效果。市政府将“四好农村路”建设工作，列入对各乡镇（街道）农业农村绩效评估指标体系进行考核，进一步增强各乡镇（街道）做好农村公路建设管理养护工作的责任意识、大局意识，实现全市农村公路管养工作健康、规范、有序发展，为广大群众打造更加安全、舒适的出行环境。

全市“四好农村路”创建动员暨农村公路提档升级现场推进会

全省农村公路建设示范工程现场会

江苏省交通运输厅农村公路"提档升级"工程调研活动座谈会
黄金荣

泰兴虹桥汽车客运站
和谐春运 平安出行

宣堡
Xuan Bao
银杏森林公园
Yin xing Forest Park

虹桥商业广场
正式开放

X308
22